TABLEAUX

PAR

HUBERT ROBERT

OBJETS D'ART

Beaux Meubles Modernes

COMMODES EPOQUE LOUIS XV

BIJOUX

Tapisseries Anciennes

PARIS

HOTEL DROUOT — SALLE N° 8

Vendredi 27 Juin 1930

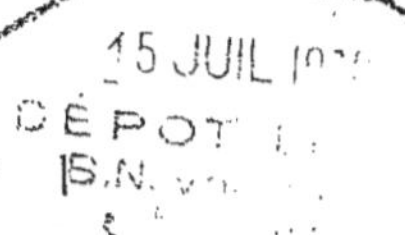

TABLEAUX ANCIENS

Œuvres d'Hubert ROBERT

Beaux Meubles Modernes

signés de BEURDELEY, H. DASSON, JANSEN, LINKE, TERQUEM

Meubles à hauteur d'appui, Table-bureau, Vitrines à décor de vernis Martin
Bibliothèque, Bahut forme galbée, Table à jeu, etc...

Belle Table coiffeuse signée BEURDELEY

MEUBLES ANCIENS

Commodes époque Louis XV — Meuble en acajou Louis XVI
Table console Empire

Important Salon de style Régence — Salons Louis XVI

Lustres — Cartel — Marbre — Girandoles — Chenets — Vases

BIJOUX

Collier de perles fines, Bagues brillants, Bracelet en platine et brillants
Montre en platine, etc...

ANCIENNES TAPISSERIES D'AUBUSSON

Tapis d'Orient

Dont la Vente aux Enchères publiques aura lieu à Paris

HOTEL DROUOT - SALLE N° 1

Le Vendredi 27 Juin 1930

à 2 heures

COMMISSAIRE-PRISEUR :

Mᵉ ROBERT BIGNON, 41, Rue de la Victoire, Paris

EXPERTS :

Pour les Tableaux :	Pour les Meubles et Objets d'Art :
MM. J. FÉRAL & R. CL. CATROUX	**M. JOSEPH LOGÉ**
7, Rue Saint-Georges - PARIS	57, Rue Saint-Lazare - PARIS

EXPOSITION PUBLIQUE

Le Jeudi 26 Juin 1930, de 2 heures à 6 heures

CONDITIONS DE LA VENTE

Elle sera faite au comptant-

Les adjudicataires paieront 14 0/0 en sus des enchères.

Aucune réclamation ne sera admise une fois l'adjudication prononcée.

ORDRE DE VACATION

Les Tableaux seront vendus à trois heures

PARIS. — IMP. CHAUFOUR, 8, RUE MILTON

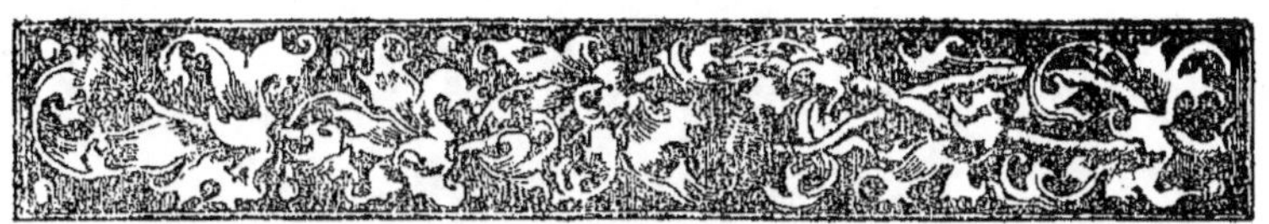

TABLEAUX ANCIENS

ECOLE FRANÇAISE

(XVIIIe siècle)

1. L'ARCHE.

Un grand paysage d'eau, de ciel et de collines s'inscrit sous sa voussure de briques roses encadrée d'opulentes frondaisons.

Deux villageoises, à gauche, devisent près d'un bassin où trempe leur lessive tandis qu'un berger, assis près d'une borne, laisse son chien veiller sur son troupeau de vaches, de chèvres et de moutons.

Un jeune homme, au centre, la main droite posée sur l'encolure d'un âne, s'entretient avec une lavandière en corsage rose, jupe bleue, debout et accompagnée d'un enfant.

A droite, une fontaine dont l'eau, jaillissant du mufle d'un lion de pierre, tombe dans une vasque derrière un buisson de verdure.

Toile. Haut. : 92 cent. ; Larg. : 1 m. 24.

Voir la reproduction.

ROBERT

(Hubert)

Paris, 1733 - Paris, 1808

Pendant du suivant.

2. LA PASSERELLE.

Une passerelle de bois surplombe, à droite, un cours d'eau
où nagent deux canards.

Une jeune femme en corsage jaune, jupe rouge relevée sur
un cotillon blanc se penche sur son parapet où sèche
un filet de pêche.

Deux enfants tenant un seau l'accompagnent et un chien
gambade auprès d'eux.

A gauche, un villageois, vu de dos, et de grands arbres
sur une éminence.

Toile. Haut. : 43 cent; Larg. : 62 cent.

Voir la reproduction.

ROBERT

(Hubert)

Pendant du précédent.

3. LA LAVANDIÈRE.

Un cours d'eau coule, au premier plan, à l'ombre d'un vieux saule.

Une passerelle, où sèche la lessive d'une lavandière en corsage gris, jupon rouge, debout au centre, le domine.

Une chaumière dont la cheminée fume, s'élève au fond, entre les arbres.

Toile. Haut. : 43 cent.; Larg. : 62 cent.

Ces deux compositions ont du initialement n'en former qu'une seule qui a été ensuite fragmentée.

Voir la reproduction.

POURBUS

(Ecole de FRANS II)

4. Henri IV au combat de Fontaine-Française.

Bois. Haut. : 41 cent. ; Larg. : 51 cent.

La victoire de Fontaine-Française (département de la Côte-
d'Or) fut remportée par Henri IV, le 5 juin 1595, sur le
duc de Mayenne et les Espagnols.

MÉTAL

OBJETS D'ART

5. Ménagère en métal argenté et seau à glace en cristal, monture en métal argenté.

6. Quatre coupes en métal argenté.

Maison CHRISTOFLE.

7. Ramasse-miettes, brosse en métal argenté, bol à deux anses et moutardier en faïence.

8. Grand plateau à deux anses en métal argenté et garniture argent.

9. Poignard oriental, monture argent.

10. Samovar en métal anglais.

11. Service à moka en porcelaine décorée (dans un écrin).

12. Coupe à fruits en cristal taillé et deux vases décor de Sèvres, montures en bronze doré.

13. Deux jardinières en cloisonné.

14. Jardinière cristal de Baccarat et coupe genre Sèvres à décor d'amours, montures en bronze doré.

15. Deux lampes de style Louis XVI en bronze doré.

16. Deux chenets, même style en bronze doré.

17. Lampe même style à figurine, montée à l'électricité.

18. Deux bonbonnières en faïence de Deck et porcelaine vieux rose et vase à long col.

19. Miniature sur porcelaine cadre en bois sculpté et doré.

20. Buire en étain.

Maison SIOT-DECAUVILLE.

21. Vase en bronze patiné.

22. Vase jardinière en bronze doré. Signé VIBERT.

Édition SIOT.

23. Presse-papier en bronze sur socle marbre.

24. Deux légumiers en porcelaine décorée et trois assiettes à gâteaux.

25. Deux statuettes chinoises.

26. Deux jardinières étain et petit groupe terre cuite.

D'après PRADIER.

27. Deux beaux candélabres Louis XVI en bronze ciselé et doré
reposant sur des socles ajourés, à quatre lumières électriques
surmontés de vases et guirlandes de fleurs.

28. Girandole en bronze doré et cristaux à sept lumières.

29. Cartel Louis XVI en bronze ciselé et doré.

30. Paire de girandoles Louis XV en bronze doré à cinq lumières
électriques garnie de cristaux.

31. Important groupe en marbre blanc « La Diane à la chèvre »,
par ESLIN.

Edition BARBEDIENNE.

32. Deux vases en porcelaine de la Chine à décor de personnages,
ils sont surmontés d'un bouquet de six lumières en bronze
doré.

BIJOUX

ARGENTERIE

33. Neuf jetons en argent.

34. Broche en or avec pierre de couleur ovale.

35. Sautoir en or et perles fines.

36. Epingle de cravate en or avec camée.

37. Porte-mine en or orné de roses.

38. Broche en or avec perle fine baroque.

39. Pendentif en or et argent sujet colombe.

40. Collier, perles fines d'Orient.

41. Bracelet rivière platine onyx brillants.

42. Parure boutons de manchettes platine brillants ; saphirs cristal.

43. Paire de boucles d'oreilles pierres vertes, monture platine brillants.

44. Montre homme platine et brillants.

45. Paire de pendants d'oreilles brillants.

46. Bague en platine ornée d'un brillant.

47. Bracelet-montre platine, émeraudes fines et brillants.

48. Broche platine et brillants.

49. Bracelet platine et brillants.

50. Boîte à musique oiseau.

51. Bague homme platine, deux gros brillants.

52. Bague deux brillants poires, une émeraude fine au centre, baguettes sur le corps.

53. Coffre argenterie, etc.

LUSTRES

54. Lustre de style Louis XVI en bronze et cristaux perles, monté à l'électricité.

55. Lustre de style Louis XVI en bronze doré à décor de têtes d'hommes, orné de cristaux.

SIÈGES

56. Important salon de style Régence en bois sculpté et doré couvert d'étoffe verte brochée à fleurs, composé d'un canapé, deux bergères, quatre fauteuils, quatre chaises et deux poufs.

57. Salon de style Louis XVI en acajou et bronzes dorés, composé d'un canapé, quatre fauteuils et deux chaises.

58. Salon de style Louis XVI en noyer sculpté et patiné, composé d'un canapé, deux fauteuils et deux chaises.

59. Tabouret de piano de style Louis XVI en bois sculpté et doré et deux chaises cannées.

60. Canapé formant lit de repos style Louis XVI, en noyer sculpté couvert velours.

Maison KRIÉGER.

MEUBLES

60 *bis*. Commode en bois de placage s'ouvrant à trois tiroirs, elle
est ornementée de bronzes dorés, dessus marbre.

61. Meuble à hauteur d'appui à quatre portes formant bureau en
marqueterie à décor de vases et fleurs orné de bronzes
dorés.

Signé TERQUEM.

62. Table Empire en acajou et bronzes dorés, reposant sur des
cariatides en bronze doré, entrejambe vase et chimères.

63. Commode à trois tiroirs en bois de rose et marqueterie, dessus
de marbre.

Epoque Louis XV.

64. Commode en partie de l'époque Louis XV à deux tiroirs
marqueterie à damiers, dessus de marbre.

65. Table bureau de style Louis XVI en acajou et bronzes dorés
à deux tiroirs et deux tirettes.

66. Guéridon de style Louis XVI en marqueterie de bois, orné
de bronzes dorés.

67. Deux meubles à hauteur d'appui style Louis XVI en acajou
et bois de violette ornés de bronzes dorés.

D'après CARLIN.

68. Deux vitrines de style Louis XVI en bois de violette à
panneaux Vernis Martin.

De BOUDET.

69. Deux tables de salon Louis XVI en bois sculpté, dessus de
marbre veiné.

70. Grande table ancienne italienne en bois sculpté et laqué,
dessus de marbre.

71. Table de style Louis XVI, marqueterie à damiers corbeille
d'entrejambe, dessus de glace.

Signée LINKE.

72. Bibliothèque style Louis XVI s'ouvrant à deux portes et deux
tiroirs en acajou satiné, dessus de marbre.

Maison JANSEN.

73. Meuble Louis XVI à deux corps en acajou sculpté s'ouvrant
à deux portes pleines.

74. Bahut de style Louis XVI de forme contournée, décoré de
peinture dans le goût de vernis Martin, orné de bronzes
dorés.

75. Guéridon de style Louis XVI en acajou et bronzes dorés, avec tablette d'entrejambe.

76. Table de style Régence en acajou satiné à trois tiroirs garnie de bronze doré, dessus de marbre.

Maison JANSEN.

77. Table de salon de forme rognon en marqueterie à losanges, richement ornée de bronzes, finement ciselés et dorés.

Signée de LINKE.

78. Table à jeu style Louis XVI en marqueterie à fleurs et bronzes dorés.

78 *bis*. Bahut de style Régence s'ouvrant à quatre portes en bois de placage, orné de bronzes dorés, dessus marbre.

Maison JANSEN.

79. Très belle table coiffeuse en bois de placage et marqueterie à losanges avec incrustations de nacre, richement ornée de bronzes très finement ciselés et dorés, reposant sur quatre pieds formés par des cariatides en bronze, croisillons entrelacés et jardinière centrale ajourée (Copie du Louvre).

Elle est signée BEURDELEY.

80. Petite table carrée en bois de placage ornée de bronze ciselé et doré, pieds cannelés à croisillons entrelacés, dessus de marbre griotte, ceinture de bronze doré.

Elle est signée Henri DASSON.

TAPISSERIES

TAPIS

81.   Ancienne tapisserie d'Aubusson représentant des jeux d'enfants
dans un paysage de verdure, bordure de fleurs.

3.20 × 2.70.

82.   Ancienne tapisserie verdure d'Aubusson à décor d'oiseaux,
bordure de fleurs.

3,50 × 2.80.

83.   Tapis d'Orient à dessin polychrome.

84.   Tapis genre Savonnerie à fond clair et bordure de guirlandes
de fleurs.

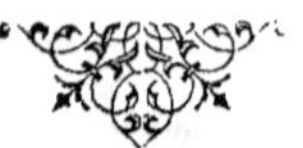